DES

DOMMAGES-INTÉRÊTS

EN

MATIÈRE DE DÉLIT DE PÊCHE

PAR

M. le Baron del PÉRÉ de CARDAILLAC de SAINT-PAUL

Inspecteur des Eaux et Forêts, en retraite.

Extrait du *Bulletin de la Société Centrale d'Aquiculture et de Pêche*

DÉCEMBRE 1901.

CLERMONT (OISE)

IMPRIMERIE DAIX FRÈRES

3, PLACE SAINT-ANDRÉ, 3

1902

DES

DOMMAGES-INTÉRÊTS

EN

MATIÈRE DE DÉLIT DE PÊCHE

PAR

M. le Baron del PÉRÉ de CARDAILLAC de SAINT-PAUL

Inspecteur des Eaux et Forêts, en retraite.

Extrait du *Bulletin de la Société Centrale d'Aquiculture et de Pêche*

DÉCEMBRE 1901.

CLERMONT (OISE)

IMPRIMERIE DAIX FRÈRES

3, PLACE SAINT-ANDRÉ, 3

—

1902

DES DOMMAGES-INTÉRÊTS
EN MATIÈRE DE DÉLIT DE PÊCHE.

par M. le Baron del Péré de Cardaillac de Saint-Paul.

Inspecteur des Eaux et Forêts, en retraite.

Les tribunaux accordent assez difficilement des dommages-intérêts aux particuliers qui ont été lésés dans leurs droits par des délits de pêche ; il est intéressant de rechercher s'ils ont le pouvoir de décider ainsi et si, dans un certain nombre de cas, la loi ne leur fait pas une obligation d'allouer des dommages-intérêts à la partie qui a souffert des délits. Cette obligation peut résulter de plusieurs causes : les termes formels de la loi ; la nature des délits qui ne permet pas de douter de l'existence d'un dommage dont la réparation est due ; les constatations des procès-verbaux ; les circonstances particulières qui prouvent, chez le contrevenant, l'intention de nuire, de causer tort à autrui, etc.

Le Code civil pose dans ses articles 1382, 1383, 1384, les conditions de la nécessité de réparer le dommage que l'on a occasionné. « Tout fait quelconque de l'homme qui cause à autrui un dommage oblige celui par la faute duquel il est arrivé à le réparer « (Art. 1382). — Chacun est responsable du dommage qu'il a causé « non seulement par son fait, mais encore par sa négligence ou « son imprudence (art. 1383.) — On est responsable, non seule· « ment du dommage que l'on cause par son fait, mais encore de « celui qui est causé par le fait des personnes dont on doit répon- « dre ou des choses que l'on a sous sa garde (art. 1384). » Les prescriptions de ces articles sont formelles : vous avez causé un dommage à autrui par votre fait, par votre négligence ou votre imprudence, vous devez la réparation de ce dommage, sans qu'il soit nécessaire que vous ayez eu l'intention de nuire : l'existence du dommage causé par votre faute vous oblige à la réparation de ce dommage. Il n'y a d'exception que pour les cas de force majeure ; par exemple, l'incendie, qui oblige à ouvrir les étables et à lâcher les bestiaux, dégage le propriétaire de la responsabilité qu'il encourrait pour le dommage causé par ses bestiaux à des champs ou à des récoltes. Cette irresponsabilité est écrite dans l'article 1148 du Code civil. « Il n'y a lieu à aucuns dommages-in- « térêts lorsque, par suite d'une force majeure ou d'un cas for-

« tuit, le débiteur a été empêché de donner ou de faire ce à quoi
« il était obligé, ou a fait ce qui lui était interdit ».

« Il faut, de plus, que le plaignant justifie d'un préjudice maté-
« riel ou moral, et qu'il n'ait, de son côté, ni négligence, ni im-
« prudence à se reprocher : si donc, nul dommage n'a été causé,
« si donc le plaignant est coupable de quelque faute, la respon-
« sabilité cesse. » (*Nos petits procès*, par M. A. Carré, juge de
paix du 1er arrondissement de Paris, page 249).

Ainsi, pour que l'on puisse obtenir des dommages-intérêts, il
faut : un fait, une faute, une imprudence de l'homme ; un préjudice causé par l'homme ou les personnes dont il doit répondre,
ou par les choses dont il a la garde ; une demande de l'individu
lésé, ou de celui qui tient de la loi le droit de le représenter. Lorsque ces conditions se trouvent remplies, les tribunaux ne peuvent refuser, sans commettre une injustice et une illégalité,
d'accorder la réparation du tort qui a été causé.

Les lois du 15 avril 1829 et 31 mai 1865 font-elles exception,
dans quelques-uns de leurs articles, au droit général qu'ont les
tribunaux d'apprécier s'il est dû ou non des dommages-intérêts et
rendent-elles obligatoire, dans certains cas, l'allocation de ces
dommages-intérêts, comme le fait le Code forestier, pour un certain nombre de délits commis par les adjudicataires ? Les articles de la loi de 1829 qui édictent une pénalité contre les délits
portent les nos 5, 12, 13, 15, 16, 24, 25, 27, 28, 29, 30, 31, 32, 33, 34, 41,
auxquels il faut ajouter l'article 7 de la loi de 1865 ; les articles
71 et 73 de la loi du 15 avril 1829 règlent le minimum auquel doivent être fixés les dommages-intérêts lorsqu'il est justifié d'un
préjudice et l'attribution de ces dommages-intérêts à la partie
lésée. A l'exception des articles 5, 15, 16, 24 de la loi du 15 avril
1829, aucun autre article ne parle de dommages-intérêts et, pour
les délits autres que ceux prévus par ces articles, on rentre nécessairement dans la règle générale. Les articles 5, 15, 16, 24
renferment, au sujet de l'allocation des dommages-intérêts, des
prescriptions dont il faut examiner la valeur au point de vue de
la liberté d'appréciation laissée aux tribunaux. Avant d'aborder
cette étude, il faut constater que beaucoup de dispositions de la
loi du 15 avril 1829 ont été empruntées au Code forestier et que,
par suite, les solutions intervenues en matière forestière sont,
le plus souvent, applicables aux questions analogues concernant
la pêche et c'est à cette circonstance qu'est dû le silence des commentateurs sur un certain nombre de points pour lesquels ils

renvoient au Code forestier. Il est évident, lorsque les articles de la loi forestière sont passés dans la loi sur la pêche, qu'ils doivent recevoir la même interprétation.

« Article 5. — Tout individu qui se livrera à la pêche sur les « fleuves et rivières navigables ou flottables, canaux, ruisseaux « ou cours d'eau quelconques, sans la permission de celui à qui « le droit de pêche appartient, sera condamné à une amende de « vingt francs au moins, et de cent francs au plus, *indépendam-* « *ment des dommages-intérêts.* »

« Article 15 (semblable à l'article 21 du Code forestier).

« 3° Les conseillers de préfecture, les juges, officiers du minis- « tère public, greffiers des tribunaux de première instance, « dans tout l'arrondissement de leur ressort. En cas de contra- « vention, ils seront passibles de tous dommages-intérêts, *s'il y* « *a lieu* ».

« Article 16 (conforme à l'article 22 du Code forestier).

« Toute association secrète, toute manœuvre entre les pê- « cheurs ou autres, tendant à nuire aux adjudications, à les trou· « bler ou à obtenir des cantonnements de pêche à plus bas prix, « donnera lieu à l'application des peines portées par l'article « 412 du Code pénal, *indépendamment* de tous dommages-inté- « rêts. »

« Article 24. — Il est interdit de placer, dans les rivières navi· « gables ou flottables, canaux et ruisseaux, aucun barrage, ap- « pareil ou établissement quelconque de pêcherie ayant pour ob- « jet d'empêcher entièrement le passage du poisson.

« Les délinquants seront condamnés à une amende de cin- « quante francs à cinq cents francs et, *en outre*, aux dommages- « intérêts, et les appareils ou établissements de pêche seront sai- « sis et détruits. »

Tels sont les textes des quatre articles de la loi du 15 avril 1829 qui parlent d'une manière spéciale des dommages-intérêts, en dehors des articles 71 et 73, sur lesquels nous reviendrons plus loin. Tout d'abord, il faut écarter l'article 16 ; il vise l'application de l'article 412 du Code pénal, et, par suite, reconnaît complètement aux tribunaux la faculté d'admettre des circonstances atténuantes ; le délit est un délit de droit commun subordonné à l'intention frauduleuse et suffisamment caractérisé par l'existence des manœuvres. Ce principe a été appliqué, en matière forestière, par la Cour de Nancy, dans son arrêt du 12 février 1840. C'est aussi l'opinion de Dalloz dans la *Jurisprudence générale*, verbo Forêts, n° 1105 et dans le *Code forestier annoté*, article 22, n° 25, et de Meaume, dans le *Commentaire du Code forestier*, n° 124 : ils admettent, avec la Cour de Nancy, une dérogation à l'article 203 du Code forestier et cette opinion doit être adoptée en matière de pêche, d'autant plus que les dispositions de l'article 203 du Code forestier ne sont pas reproduites dans la loi du 15 avril 1829.

De même, l'article 15 est hors du débat, les délinquants qu'il vise étant, en cas de condamnation, passibles de tous dommages-intérêts *s'il y a lieu*, ce qui implique nécessairement la latitude d'appréciation du tribunal.

Il reste donc les articles 5 et 24. Pour le premier de ces articles, les expressions : « Sera condamné à une amende de vingt « francs au moins, et de cent francs, au plus, indépendamment « des dommages-intérêts », semblent prescrire l'allocation de dommages-intérêts. L'article 14 de la loi du 14 floréal an X prononçait pour le fait d'avoir pêché sans droit dans une rivière navigable : 1° une amende qui ne peut être moindre de 50 francs ni excéder 200 francs ; 2° la confiscation des filets et engins de pêche ; 3° des dommages-intérêts d'une somme pareille à l'amende (Arrêt de la Cour de Cassation du 17 décembre 1810 — Arrêté du Gouvernement du 19 nivôse an XII.) La loi de 1829 reproduit cette disposition. Lors de la discussion de l'article 5 devant la Chambre des Députés, comme devant la Chambre des Pairs, il n'a pas été parlé de cette question des dommages-intérêts dont l'exposé des motifs ne dit rien non plus.

Les commentateurs n'ont pas examiné ce cas et ils n'indiquent pas la solution adoptée par la jurisprudence : Dalloz (*Code de la pêche annotée*, article 5, n° 79) dit : « Tout individu qui se livre « à la pêche sans la permission de celui à qui le droit de pêche « appartient, doit être condamné à une amende de 20 francs au « moins, et de 100 francs, au plus, indépendamment des domma- « ges-intérêts ...... » ; dans la suite de son commentaire, il ne parle pas de la question qui nous occupe — Martin, dans le *Code nouveau de la pêche fluviale*, article 5, page 21, n° 21, écrit : « Indépendamment de l'amende de 20 à 100 francs et des dom- « mages-intérêts envers celui auquel le droit de pêche appartient, « le délinquant est passible de la confiscation des filets et engins « de pêche. » Ce sont, à peu près, les expressions de la loi et l'on ne peut en tirer aucun renseignement — Rogron (*Code de la pêche fluviale expliqué*, article 5, page 25,) porte : « Indépendam- « ment des dommages-intérêts pour le préjudice qu'on peut avoir « causé aux propriétés en s'y introduisant afin de parvenir aux

« bords des rivières. » Cette solution est en contradiction avec
l'opinion de Martin, page 28 : le pêcheur à la ligne qui se place
sur un terrain particulier ne commet pas un délit de pêche. « Le
« fait pourrait seulement, dans certains cas, constituer une con-
« travention de simple police et tomber sous l'application de l'ar-
« ticle 471, n° 13, du Code pénal, qui punit d'une amende de 1 à 5
« francs ceux qui, n'étant ni propriétaires, ni usufruitiers, ni lo-
« cataires, ni fermiers, ni jouissant d'un terrain ou d'un droit de
« passage .... seront entrés et auront passé sur ce terrain
« ou sur une partie de ce terrain, s'il est préparé ou ensemencé ».
Celui qui pêche dans une rivière non navigable ni flottable sans
permission du propriétaire et qui se place sur une rive, commet
deux infractions différentes, l'une punie par l'article 5 de la loi
du 15 avril 1829, l'autre punie par l'article 471, n° 13, du Code
pénal, et l'on ne peut admettre que les dispositions relatives aux
dommages-intérêts insérées dans la loi de 1829 puissent être applicables aux faits prévus par le Code pénal : il faut donc con-
clure que les dommages-intérêts sont dus pour le fait de pêche
sans permission et non pour le fait de passage, sur le terrain
d'autrui, au moins en vertu de la loi de 1829, car le passage peut
avoir causé un préjudice qui devra être réparé aussi.

Les recueils spéciaux ne mentionnent aucun arrêt décidant la
question et l'on doit croire qu'elle n'a pas été soulevée devant
les tribunaux : Est-ce parce que les dommages-intérêts ont été
alloués ? Est-ce parce qu'on a reconnu qu'ils étaient facultatifs ?
On ne saurait le dire.

L'enseignement actuel de l'Ecole nationale forestière est muet
sur ce point, au moins d'après les rédactions que nous avons pu
voir. M. Meaume, ancien professeur de droit à cette école, disait
dans son cours, qui n'a pas été imprimé : « La pénalité attachée
« au délit de pêche sans permission est une amende de 20 à 100
« francs. La loi donne aussi des condamnations civiles. Il ne
« faut pas croire que l'absence de dommage causé soit une rai-
« son qui doive faire déchoir le propriétaire du droit de pêche
« de la faculté qu'il a de demander des réparations civiles. S'il
« n'y a pas eu dommages, il y a eu tentative de violation du droit
« de pêche et le dommage causé est constitué par les frais que
« fait le propriétaire pour faire réprimer cette tentative : on
« pourra demander à titre de dommages-intérêts la restitution
« de ces frais. Cette solution est conforme à l'esprit de la loi qui
« n'exige pas que l'on ait pris du poisson, mais seulement que
« l'on ait pêché, pour prononcer une condamnation. »

M. Boppe (*Chasse et pêche en France*, page 189) donne le tableau récapitulatif des délits prévus et des peines édictées par les lois du 15 avril 1829 et du 31 mai 1865. La dernière colonne du tableau pour titre : peines à ajouter à l'amende, et pour l'article 5, comme pour l'article 24, l'allocation de dommages-intérêts figure, tandis qu'elle n'existe pour aucun des autres articles. Cette circonstance indiquerait qu'aux yeux de M. Boppe, la condamnation aux dommages-intérêts, facultative pour tous les autres cas, est obligatoire lorsqu'il s'agit des délits prévus par les articles 5 et 24 : on ne s'expliquerait pas, autrement, la mention qu'il fait pour ces deux articles seuls, de la condamnation aux dommages-intérêts.

L'*article* 24 est rédigé en termes qui ne laissent aucun doute sur la volonté du législateur : « Les délinquants seront condam- « nés à une amende de 50 à 500 francs et, *en outre*, aux domma- « ges-intérêts. » La forme nettement impérative de l'article exclut toute idée de faculté laissée aux tribunaux d'allouer ou non des dommages-intérêts. Pour ce cas encore, ni les commentateurs, ni les monuments de la jurisprudence, ne donnent d'indications sur l'application de l'article 24 en matière de dommages-intérêts et l'on ne trouve aucun renseignement dans l'exposé des motifs et la discussion de la loi. M. Boppe seul indique son avis sur la question.

Si l'on veut comparer les termes employés par le législateur dans les articles 5 et 24 de la loi du 15 avril 1829 avec les termes employés dans les articles 29-§ 2, 34, 36, 37, 39 et 40 du Code forestier ; si l'on remarque que la loi sur la pêche formait primitivement, dans le projet de Code forestier présenté en 1822, un titre particulier comme dans l'ordonnance de 1669 et qu'un grand nombre de dispositions du Code forestier sont reproduites dans la loi du 15 avril 1829 ; si l'on se reporte aux discussions relatives aux dommages-intérêts obligatoires ou facultatifs dans le *Commentaire du Code forestier* par Meaume, dans la *Jurisprudence générale* de Dalloz (*Verbo* Forêts), dans le *Code forestier* annoté de Dalloz, dans le *Code forestier expliqué* de Rogron, dans le *Dictionnaire général des forêts* de Rousset et Bouer, si l'on examine et étudie les arrêts de la Cour de Cassation des 23 juillet 1842, 23 novembre 1844, 21 août 1845, 23 août 1845, 24 janvier 1846, 5 mars 1847, 6 mai 1847, 26 mai 1848, 24 mai 1849, 18 juin 1851, 28 novembre 1851, 30 juin 1853, et des Cours d'Appel de Metz, 22 septembre 1835 ; Dijon, 8 novembre 1842, 24 février, 11 mars et 11 septembre 1836 ; Nancy, 17 novembre 1837, 21 décembre 1842,

7 juin 1843, 24 janvier 1846 ; Orléans, 31 mars 1846 ; Bourges, 14 février 1856, 21 octobre 1854 ; Nimes, 8 juin 1843, on reconnaît facilement les raisons de décider de la doctrine et de la jurisprudence. Ces raisons sont les suivantes : si, dans les cas ordinaires et dans les matières générales, la loi laisse aux tribunaux la faculté d'apprécier s'il est dû des dommages-intérêts et d'en fixer le chiffre, il n'en est pas de même pour certains délits réprimés par des lois spéciales : la loi considère ces délits comme causant toujours un préjudice, et elle oblige les tribunaux à condamner le délinquant à des dommages-intérêts . Dans ce cas, au lieu de renvoyer aux articles qui règlent l'allocation des dommages-intérêts, le législateur a introduit, dans la rédaction des articles, des termes qui ne laissent aucun doute sur son intention de rendre les dommages-intérêts obligatoires : c'est ainsi qu'il emploie les expressions : « sans préjudice des dommages-intérêts », « indépendamment des dommages-intérêts », « outre les dommages-intérêts » « en outre des dommages-intérêts » « et à dommages-intérêts qui ne pourront être moindres .... » Toutes les fois que ces expressions impératives se rencontrent dans la loi, les tribunaux doivent nécessairement prononcer la condamnation à des dommages-intérêts et c'est ainsi que l'ont décidé les arrêts cités plus haut, en matière forestière. Il n'est pas douteux que l'article 71 de la loi du 15 avril 1829, identique à l'article 202 du Code forestier, doive être interprété de la même manière. Dans tous les cas qui ne sont pas prévus par la loi, les tribunaux ont la faculté d'accorder ou de refuser des dommages-intérêts. Cette faculté leur est retirée et la condamnation à des dommages-intérêts devient obligatoire lorsque l'une des expressions indiquées plus haut se rencontre dans les articles de la loi à appliquer : la volonté du législateur manifestée par ces expressions qu'il n'a pas reproduites dans les autres articles et pour d'autres délits est de faire exception à la règle générale. Aussi nous pensons que les tribunaux, lorsqu'ils ont à appliquer les articles 5 et 24 de la loi du 15 avril 1829, ne peuvent se refuser à l'allocation de dommages-intérêts. Ce sont, du reste, les seuls articles des lois sur la pêche qui imposent aux tribunaux l'obligation de condamner à des dommages-intérêts. .

Cette obligation peut découler, en second lieu, de la nature des délits, qui ne permet pas de douter de l'existence d'un préjudice dont la réparation est due : examinons successivement les divers délits relevés par les lois sur la pêche et voyons quels sont ceux qui, par eux-mêmes, et en l'absence de toute capture de Poissons, causent un dommage.

ARTICLE 5. — Pêche sans permission du propriétaire du droit de pêche. En dehors du dommage actuel causé par la capture du Poisson, il y a trouble apporté au droit de propriété, entrave à l'exercice du droit de pêche par le détenteur régulier de ce droit, gêne et privation de ce droit par l'acte abusif qui peut avoir effrayé ou éloigné le Poisson. Il doit être alloué des dommages-intérêts que l'article rend, d'ailleurs, obligatoires.

ARTICLE 24. — Barrage empêchant complètement le passage du Poisson. Les dommages-intérêts sont également obligatoires d'après la loi : il y a un préjudice actuel et un préjudice futur causés tant que le barrage existe et empêche le Poisson de passer librement.

ARTICLE 25 (complété par la loi de 1898). — Destruction du Poisson par le poison, les matières enivrantes ou explosibles, les résidus d'usine ou de rouissage. Ici aussi le repeuplement des eaux, les pêches futures sont compromis d'une manière évidente et les dommages-intérêts ne peuvent être refusés.

ARTICLE 27. — Pêche en temps prohibé. La pêche en temps de frai cause nécessairement un grand préjudice ; la pêche aux heures défendues ne paraît pas motiver des dommages-intérêts obligatoires que réclame la première.

ARTICLE 28. — Pêche avec engins prohibés ; elle ne paraît exiger l'allocation de dommages-intérêts que lorsqu'elle est faite en temps de frai.

ARTICLE 29. — Emploi de filets à une pêche pour laquelle ils ne sont pas autorisés. Les dommages-intérêts sont facultatifs suivant les circonstances.

ARTICLE 30. — Pêche de poissons n'ayant pas les dimensions réglementaires — même solution.

ARTICLE 31. — Emploi d'appâts défendus — même solution.

ARTICLES 32, 33, 34. — Visite des bateaux de pêche et des réservoirs à Poissons — même solution.

Loi du 31 *mai* 1865. ARTICLES 1 et 7. — Pêche dans les réserves destinées à la reproduction : elle cause forcément un dommage surtout en temps de frai, et doit être punie de dommages-intérêts.

ARTICLES 5 et 7. — Transport et colportage de Poisson en temps prohibé, ne comporte pas l'allocation de dommages-intérêts.

En résumé, les délits qui, par leur nature propre, causent un préjudice et qui doivent toujours motiver l'allocation de dommages-intérêts sont ceux prévus et punis par les articles 5, 24, 25,

27 (en temps de frai), de la loi du 15 avril 1829 et 1 et 7 de la loi du 31 mai 1865 ; pour tous les autres délits, les tribunaux ont la faculté de décider s'il y a eu dommage ou non.

Les constatations des procès-verbaux peuvent entraîner pour tous les tribunaux l'obligation de prononcer des condamnations à des dommages-intérêts. Les tribunaux sont-ils liés par les énonciations des procès-verbaux relatives à l'existence d'un dommage causé par le délit relevé ? La question est délicate et controversée ; l'opinion la plus généralement admise est que l'existence d'un dommage causé est un fait matériel et que la foi due aux procès-verbaux ne permet pas de déclarer que ce dommage n'existe pas.

« Lorsqu'il résulte clairement du délit commis et du procès-« verbal qu'il y a eu un dommage causé, les tribunaux, en refu-« sant d'allouer des dommages-intérêts, peuvent encourir la cas-« sation de leur jugement. » (Rousset et Bouer, *Dictionnaire Gé-néral des Forêts*, tome 1er, page 550, *verbo* Dommages-intérêts, n° 11).

« Quand il est établi par le procès-verbal ou autrement que le « délit a occasionné un dommage, le juge ne saurait se refuser à « condamner le prévenu à des dommages-intérêts. Les mots, *s'il* « *y a lieu*, qui terminent l'article 199 du Code forestier,ne peuvent « donner au juge la faculté de nier l'évidence. » (Dalloz, *Code forestier annoté*, article 199, n°s 253, 254, page 561).

Un jugement du tribunal de Cassation, du 14 octobre 1803 (21 Vendémiaire an XII), déclare qu'un prévenu de délit de dépais-sance ne peut être renvoyé absous parce que le procès-verbal ne constate pas de dégâts.

Un jugement du tribunal de Lons-le-Saulnier, du 21 juillet 1841, déclare qu'en matière forestière le silence du garde rap-« porteur sur le préjudice causé n'est pas un motif suffisant pour « dispenser les tribunaux d'allouer des dommages-intérêts, alors « surtout que la preuve du dommage est inhérente au fait même « du délit. » (Baudrillart, *Règlements forestiers*, tome 1er, p. 458).

« Quand un procès-verbal régulier constate l'existence d'un « dommage, il y a lieu à l'application de l'article 202 du Code fo-« restier, qui prononce des dommages intérêts, et le juge qui « reconnaît que le délit imputé aux prévenus est suffisamment « établi par le procès-verbal ne saurait s'abstenir de les con-« damner à des dommages-intérêts, sous prétexte que l'évaluation « qui en a été faite par le garde était de très peu de valeur. »

Cour de Dijon, 19 septembre 1838 ; Dalloz, *Code forestier annoté*, page 569, article 202, n° 33, 34.)

Le même auteur, dans la *Jurisprudence Générale*, verbo Forêts, page 203, n° 431, cite textuellement l'arrêt inédit de la Cour de Dijon, du 19 septembre 1834, dans lequel on lit : « Attendu « que le tribunal de Châtillon, ayant reconnu le délit imputé aux « prévenus suffisamment justifié par le procès-verbal, n'a pas « cru devoir prononcer des dommages-intérêts parce que l'esti-« mation qui en a été faite par le garde était de très peu de va-« leur ; que le procès-verbal constatant l'existence de dommage, « il y avait lieu d'appliquer la disposition de l'article 202 du Code « forestier qui prononce des dommages-intérêts égaux à l'amende « simple, etc. »

M. Meaume, dans son *Commentaire du Code forestier*, cite cet arrêt, tome II, page 963, en note. Il dit, tome II, pages 942 et 943 que : « si le procès-verbal constate l'existence d'un préjudice, « les tribunaux ne peuvent, sans violer la loi et sans encourir la « cassation de leurs décisions, refuser de prononcer des domma-« ges-intérêts. » C'est l'opinion de MM. Coin-Delisle et Fréderich,et M. Meaume cite des arrêts de la Cour de Cassation du 21 vendémiaire an XII et de la Cour d'Orléans du 19 avril et 16 août 1828 : il ajoute que la plupart des auteurs se prononcent pour le pouvoir discrétionnaire des tribunaux, notamment, MM. Fœlin et de Vaulx, Curasson, Gagneraux.Un arrêt de la Cour de Dijon, du 29 août 1835, rapporté par Dalloz (*Jurisprudence générale*, verbo Forêts, page 265, n° 698, dit : « Considérant que le procès-« verbal ayant estimé à 4 fr. le dommage causé par les roues de « la voiture conduite par Denis Leblanc, il n'était pas loisible aux « magistrats de décider qu'il n'y avait pas de dommage causé. »

Dans le même ouvrage, page 277, n° 740, on lit : « Si les juges « sont liés par les déclarations affirmatives des procès-verbaux « sur la réalité du préjudice causé par l'introduction des animaux « parce que l'existence de ce préjudice est un fait matériel. »

Les articles de la loi du 15 avril 1829 sur la question qui nous occupe sont tirés du Code forestier et, notamment, l'article 71 est la reproduction textuelle de l'article 202 de ce Code : par suite, les décisions citées, prises pour l'exécution du Code forestier sont, de tous points, applicables à la loi sur la pêche, Il faut donc admettre que les juges ne peuvent se dispenser de condamner à des dommages-intérêts lorsque les procès-verbaux constatent qu'il y a eu dommage ou lorsqu'il résulte de la nature du délit qu'il y a eu nécessairement un préjudice causé.

Enfin, des circonstances particulières prouvent l'intention de nuire et doivent amener la condamnation à des dommages-intérêts : tels sont : les menaces, la persistance à pêcher malgré la défense faite, la destruction ou le bouleversement des engins de pêche appartenant au propriétaire du droit de pêche, le vol du poisson pris à ces engins, etc.

La condamnation à des dommages-intérêts paraît donc obligatoire pour les tribunaux : 1° lorsque la loi leur impose cette obligation comme dans l'article 5 (pêche sans permission) et dans l'article 24 (barrage empêchant entièrement le passage du poisson) de la loi du 15 avril 1829 : 2° lorsque les délits commis ne peuvent exister sans causer un dommage, comme la pêche sans permission (article 5 de la loi du 15 avril 1829), l'établissement de barrages empêchant complètement le passage du poisson, (article 24 de la même loi) ; l'emploi de matières qui enivrent ou empoisonnent le poisson et d'explosifs (article 25 de la même loi) ; la pêche en temps de frai (article 27 de la même loi) ; la pêche dans les réserves pour la reproduction (articles 1 et 7 de la loi du 31 mai 1865), 3° lorsque les procès-verbaux constatent l'existence du préjudice ou que le dommage causé résulte de la nature du délit ; 4° lorsque des circonstances particulières montrent l'idée préconçue de nuire.

Dans les autres cas, les tribunaux conservent la faculté d'examiner et de décider s'il y a ou non dommage causé et s'il doit être alloué des dommages-intérêts en réparation de ce préjudice.

Lorsque les tribunaux ont reconnu l'existence d'un préjudice et qu'ils condamnent à des dommages-intérêts, l'article 71 de la loi du 15 avril 1829, conforme à l'article 202 du Code forestier, exige que ces dommages-intérêts ne soient pas inférieurs à l'amende simple infligée au délinquant. Que faut-il entendre par amende simple ? dans le cas ou plusieurs amendes ont été prononcées contre le délinquant, comment faut-il établir le minimum des dommages-intérêts ?

L'amende simple est celle qui est appliquée pour un délit dégagé de toute circonstance aggravante de récidive et de nuit : en matière de pêche, comme en matière forestière, quelques amendes, portées au double à raison de certaines conditions de gravité des contraventions, sont des amendes simples au point de vue de l'exécution de l'article 71 de la loi du 15 avril 1829. Ainsi, l'article 28 prononce une amende de 30 à 100 francs pour emploi d'engins prohibés et stipule que l'amende sera de 60 à 200 francs si le délit a eu lieu pendant le temps du frai : cette amende de 60 à 200 francs est évidemment une amende simple. L'article 7 de la loi du 31 mai 1865 applique les peines portées par l'article 27 de la loi du 15 avril 1829 à la pêche dans les réserves pour la reproduction et au colportage du poisson en temps prohibé : il stipule que l'amende sera doublée et que les délinquants pourront être condamnés à un emprisonnement de dix jours à un mois : 1° dans les cas prévus par les articles 69 (récidive) et 70 (circonstance de nuit) de la loi du 15 avril 1829 ; 2° lorsqu'il aura été constaté que le poisson a été enivré ou empoisonné ; 3° lorsque le transport aura lieu par bateaux, voitures ou bêtes de somme. Les amendes portées au double par les nᵒˢ 2 et 3 sont des amendes simples : celles qu'indique le n° 1 sont, au contraire, des amendes doubles.

Comment discerner dans une condamnation quel est le quantum de l'amende simple ? Si le délinquant est récidiviste, s'il a pêché la nuit, avec du poison, le tribunal prononcera une amende de 120 francs, par exemple : quel est le minimum des dommages-intérêts qui doivent être accordés ? D'après la jurisprudence et d'après les règles établies en matière de délits ruraux par l'article 4 du titre II de la loi des 28 septembre-6 octobre 1791, l'amende doit être triplée lorsque les circonstances de nuit et de récidive se trouvent réunies ; l'amende de 120 francs représente donc l'amende simple triplée et le minimum des dommages-intérêts, dans ce cas, sera de 40 francs. Si l'une seule des circonstances de récidive ou de nuit existait, l'amende simple serait la moitié de la condamnation prononcée, 60 francs dans l'hypothèse précédente. Il ne peut guère y avoir de difficulté sérieuse à ce sujet.

L'application de l'article 72 de la loi du 15 avril 1829 pourrait donner lieu à des abus. Si le dommage causé et reconnu est de 24 francs seulement, les tribunaux peuvent abaisser l'amende au dessous de 16 francs, sans qu'elle puisse être inférieure aux peines de simple police ; la loi ne spécifiant pas de quelle classe de peines de simple police il s'agit, la condamnation pourra n'être que de 1 franc d'amende, si le tribunal s'en tient au minimum pour la réparation du dommage, la partie lésée recevra 1 franc seulement. Il y a lieu d'appeler sérieusement l'attention des juges sur ce point délicat.

Il peut se présenter des cas où la détermination du minimum des dommages-intérêts sera très difficile. Lorsque le procès-verbal constate l'existence de plusieurs délits, par exemple : pêche sans permission, avec des engins prohibés, en temps prohibé et capture de poissons n'ayant pas les dimensions réglementaires, le tribunal devrait prononcer une peine spéciale pour chaque délit. Il a été admis pendant longtemps que l'article 365 du Code d'instruction criminelle n'est pas applicable aux infractions prévues par la loi sur la pêche et qu'il y a lieu de prononcer une peine distincte pour chaque délit (Cour de Cassation, 20 août 1824 et 25 juillet 1828 — Cour de Metz, 15 février 1860 — Cour de Nancy, 7 avril 1862 et 26 mai 1897 — Cour de Chambéry, 6 janvier 1871). Si le tribunal adopte cette doctrine, toute difficulté disparaît, car tous les délits ne sont pas dommageables ; au lieu de prendre pour minimum le total des amendes cumulées, on ne tiendra compte que des amendes appliquées aux faits qui ont réellement causé un dommage constaté : la question a été décidée dans ce sens en matière forestière (Nancy, 15 mars 1833 — Rennes, 29 mai 1839).

Depuis quelque temps, la jurisprudence change et admet que les peines ne doivent pas être cumulées en matière de pêche. (Cour de Limoges 21 octobre 1897 ; Cour de Paris, 18 novembre 1898.) Ce dernier arrêt admet cependant que l'on doit cumuler la peine inhérente au délit de pêche avec l'amende de 50 francs imposée par l'article 41 de la loi du 15 avril 1829 au délinquant qui refuse de remettre immédiatement le filet déclaré prohibé et cette doctrine est adoptée par la Cour de Toulouse (26 novembre 1898 et 27 juillet 1899). On pourrait à la rigueur admettre l'application de l'article 365 du Code d'instruction criminelle aux faits relevés dans le même procès-verbal, mais on ne peut concevoir que, si le même délinquant est poursuivi et se présente à l'audience pour répondre de contraventions commises à des époques différentes dans des lieux différents et constatées par des procès-verbaux différents, les tribunaux réunissent toutes ces infractions pour statuer par un seul et unique jugement en ne prononçant qu'une seule amende, la plus forte encourue. Nous croyons qu'on devrait adopter la doctrine de la Cour de Nancy, décidant, le 26 août 1862 et le 27 août 1872, qu'en matière forestière, la peine d'emprisonnement peut être cumulée à raison de plusieurs délits commis à des dates différentes et que par analogie, chaque délit de pêche commis à des dates différentes devrait faire l'objet d'une condamnation spéciale « parce qu'en cette matière, l'infraction résulte du seul fait matériel, abstraction faite de l'intention » (motif de l'arrêt du 27 août 1872).

Si le tribunal, au lieu de prononcer une amende pour chaque délit constaté, condamne à une amende unique, il est impossible de déterminer le minimum des dommages-intérêts ; il peut arriver que les juges, tenant compte de tous les délits, additionnent les peines particulières à chacun d'eux pour en faire une amende unique ; il peut arriver aussi qu'ils ne prononcent qu'une seule peine, la plus forte de celles encourues et cette peine peut s'appliquer justement au délit qui n'aura pas causé de dommage. Ces circonstances indiquent combien cette question mérite d'attirer l'attention et combien il est nécessaire d'y insister dans les conclusions écrites et orales.

En somme, si les tribunaux ont, en général, la faculté d'apprécier l'existence des dommages et de fixer le quantum des dommages-intérêts, l'article 71 de la loi du 15 avril 1829 les oblige à ne pas fixer ce quantum à un chiffre inférieur à celui de l'amende simple : de plus, leur faculté d'appréciation n'existe plus et ils ont le devoir impérieux d'allouer des dommages-intérêts : 1° lorsque les termes de la loi leur en font une obligation comme dans les articles 5 et 24 de la loi du 15 avril 1829 ; — 2° lorsque les délits sont d'une nature telle qu'il doivent nécessaiment causer un dommage (article 5 et 24, 25, 27 de la loi du 15 avril 1829 — 1 et 7 de la loi du 31 mai 1865) ; — 3° lorsque l'existence du préjudice causé est constatée dans le procès-verbal qui relève l'infraction ; 4° lorsque des circonstances étrangères au délit prouvent l'intention de nuire et de causer du tort.

Nous voudrions que les avocats des parties civiles insistassent sur les considérations développées plus haut, pour obtenir des tribunaux qu'ils appliquent la loi plus équitablement en faveur des propriétaires lésés et avec moins d'indulgence en faveur des délinquants. Car nous nous plaçons toujours au point de vue de la protection que doit obtenir le droit de Pêche et, par suite, les opinions que nous émettons se trouvent souvent en contradiction avec celle des personnes qui raisonnent en vue d'améliorer la situation des contrevenants et de leur obtenir des condamnations moins sévères. Il serait nécessaire que les Cours d'Appel et la Cour de cassation fussent appelées à fixer la manière dont il faut résoudre la question des dommages-intérêts et quelques autres que nous avons traitées dans divers articles : on éviterait ainsi les divergences qui se produisent trop souvent dans les décisions judiciaires relatives à la répression des délits de Pêche.

Clermont (Oise). — Imprimerie Daix frères.